श्रीकृष्ण लीला

अधर्मियों का नाश कर न्याय नीति की स्थापना करने वाले 'श्रीकृष्ण' की गाथा

पं. शिवशंकर मिश्र

दुर्लभ ई साहित्य कार्नर

SHREEKRISHNA LEELA
श्रीकृष्ण लीला
By
Pt. Shivshankar Mishra
This edition was created by
Durlabh eSahitya Corner and
Printed by Blurb.com
© 2020

श्रीकृष्ण लीला

जिसका योगी और मुनि निरंतर ध्यान करते हैं, जिसका स्मरण और पूजन मोक्षदायक माना जाता है, जिसका चरित्र सुनने को आर्यगण सदा उत्सुक रहते हैं और जिसकी अलौकिक शक्ति विश्वविख्यात है, वही आनंद कंद श्रीकृष्णचंद्र कंसादिक असुरों का संहार, असाधुओं का परित्रण, अद्‌भुत लीला का विस्तार और धर्म की स्थापना के लिए द्वापर के अंत में यदुवंशी देवकी तथा वसुदेव के यहां पुत्र रूप में उपत्न्न हुए। श्रीकृष्ण साक्षात ईश्वर के अवतार थे। भूमिष्ट होने के पूर्व माता पिता को अपने तेजोमय सुंदर और चतुर्भुज स्वरूप में दर्शन दे उन्होंने बतलाया था कि–"मैं तुम्हारी तीन जन्मों की तपस्या देखकर तुम्हारे यहां जन्म ले रहा हूं। मुझे गोकुल में नंद के यहां छोड़ आना। मैं वहां अपनी बाल लीला समाप्त कर यहां आऊंगा और कंसादि का नाश कर धर्म की स्थापना करूंगा।" इस प्रकार कह वह अन्तर्द्धान हो गए और

फिर बाल रूप हो भूमिष्ट हुए। देवकी ने समझा कि पुत्र जन्म हुआ। पति पत्नी दोनों को चतुर्भुजी मूर्ति की बात स्वप्नवत प्रतीत हुई। देवकी उसे स्तनपान कराने लगीं। एकाएक कारागृह के द्वार खुल गए और वसुदेव की बेड़ियां टूट गईं। आंख उठाकर देखा तो समस्त प्रहरी घोर निद्रा में लीन दिखाई पड़े। वसुदेव ने स्वप्न की बात को ईश्वरीय आदेश मान उस बच्चे को उठा लिया और भाद्र पद के कृष्ण पक्ष की अंधकारमयी निशा में गोकुल की ओर चल पड़े। अष्टमी का दिन था और अर्धरात्रि का समय। आकाश मेघाच्छन्न था, फिर भी चांद ने उदित हो मार्ग दिखाने का काम किया। शेष ने अपने शरीर का पथ और फण का छत्र बनाकर वर्षा से उनकी रक्षा की। जब वह यमुना को पार करने लगे तब उसका जल उमड़ पड़ा। वह चिंतित और दुखी हुए। वास्तव में यमुना बालरूप भगवान का चरण स्पर्श करना चाहती थीं। कृष्ण ने अपना पैर नीचे को लटका दिया। उसका स्पर्श होते ही जल उतर गया और वसुदेव गोकुल जा पहुंचे। वहां नन्द का द्वार भी उन्हें खुला ही मिला। अंदर गए तो सब लोग निंद्रित दशा में अचेत पड़े हुए दिखाई दिए। यशोदा के पास एक कन्या पड़ी थी। वसुदेव ने उसे उठा लिया और कृष्ण को वहीं सुला दिया। उसी क्षण वह मथुरा लौट

आए और पूर्ववत बंदी गृह में बंद हो गए। बेड़ियां ज्यों की त्यों जकड़ गई और द्वार अवरूद्ध हो गए। योगमाया रूपी वह कन्या अब रोने लगी। चौकीदारों की आंखें खुल गई। उन्होंने तत्काल कंस को सूचना दी और वह वहां जा पहुंचा। उसने देवकी से वह कन्या छीन ली और पत्थर पर पटकने की तैयारी की। ज्योंही उसने पैर पकड़ उसे ऊपर को उठाया त्यों हीं वह उसके हाथ से छूट आकाश में चली गई। कंस अवाक् रह गया। ऊपर की ओर देखा तो कन्या के स्थान में एक देवी मूर्ति दिखाई पड़ी। अष्टभुजाओं में आयुधादि धारण कर वह कह रही थी–'मूढ! मुझे मारने का व्यर्थ प्रयास क्यों करता है? तेरा शत्रु तो गोकुल में उत्पन्न हो चुका है।" कंस यह सुन विस्मय चकित हो गया, योगमाया अन्तर्द्धान हो गई अब कंस लज्जित हो पश्चाताप करने लगा और उदास हो लौट गया।

योगमाया की आकाशवाणी उसके हृदय में खटकने लगी और वह चिंतातुर रहने लगा। एक दिन उसने राज सभा में राक्षसों से कहा–"मेरा शत्रु गोकुल में उत्पन्न हो चुका है। सब लोग उसकी खोज करो। जहां जहां नवजात शिशु मिलें, उनका नाश कर दो। यदि इतना करने पर भी वह न मिले तो गौ, ब्राह्मण और भक्तों को कष्ट दो। ऐसा करने से वह अवश्य प्रकट होगा।"

उसकी यह आज्ञा प्राप्त कर राक्षसों ने चारों ओर अत्याचार करना आरंभ किया। बालकों का नाश करने लगे और ब्राह्मणों को कष्ट पहुंचाने लगे। अनेक यादवों ने त्रसित होकर उस देश का त्याग किया। जरासंध, नरकासुर, पुण्डरीक, शिशुपाल और दंतवक्रादि पापी राजा अपनी अपनी प्रजा पर अत्याचार करने लगे। गौ ब्राह्मण, साधु और धर्म का ध्वंस होने लगा। वर्णाश्रम धर्म, वेदाध्ययन और वेदोक्त क्रियाएं बंद हो गईं। सब लोग भयभीत हो कांपने और त्राहि त्राहि करने लगे। "जिस राजा की प्रजा दुखित हो त्राहि त्राहि करने लगती है उस राजा का सत्वर विनाश होता है, यह महापुरुषों की उक्ति है।" कंस तदनुसार ही अपना विनाश अपने हाथों करने लगा।

गोकुल में नंद के यहां पुत्र जन्म हुआ–यह जान सारे नगर में उत्सव मनाया गया। सदाशिव भी योगी का वेश धारण कर वालमुकुन्द के दर्शनार्थ जा पहुंचे। रोहिणी नामक वसुदेव के एक दूसरी स्त्री थी। वह नंद ही के यहां थी। नंद वसुदेव के पुराने और विश्वास पात्र मित्र थे। रोहिणी ने भी उसी दिन एक पुत्र को जन्म दिया था। महर्षि गर्ग नामकरण करने के लिए बुलाए गए। उन्होंने रोहिणी के पुत्र का नाम बलदेव और देवकी पुत्र, जो कि इस समय यशोदानंदन कहे

जा रहे थे—उन्हें साक्षात विष्णुस्वरूप जान उनका नाम श्रीकृष्ण रखा। श्रीकृष्ण की आकृति मध्यम, नेत्र कमल समान, नासिका सरल और वर्ण घनश्याम था।

वह पीताम्बर के विशेष प्रेमी थे। अध्यात्म ज्ञान के तो भण्डार ही थे। उनके शस्त्रों का वार कभी खाली न जाता था। उन्होंने सन्ध्यादिक नित्यकर्म करने की दीक्षा उपमन्यु ऋषि से ग्रहण की थी। तदनुसार वह यथानियम और यथा समय उपासनादि नित्य कर्म करने को प्रस्तुत रहते थे। व्यास, वशिष्ठ नारद और सनकादि ऋषि-मुनियों को योग बल से यह ज्ञात हो गया था कि वह भगवान विष्णु के साक्षात अवतार हैं। उन्होंने क्रम से लेकर ग्यारह वर्ष की अवस्था में, जब कंस का वध किया, तबतक बाललीला की। ईश्वर के पूर्णावतार होने पर भी अपनी माया का विस्तार कर उन्होंने लोगों को अनेक प्रकार की शिक्षा देने का प्रयत्न किया।

बाल लीला—कंस को अब चैन कहां? उसे योग माया की बात पर पूरा पूरा विश्वास हो गया था। प्रतिपल वह अपने शत्रु को खोज, उसे मार डालने की चिंता में व्यग्र रहता था। राक्षसों ने चारों ओर अत्याचार करना आरंभ कर दिया था। केवल संदेह वश, सैकड़ों सुकुमार बच्चे निर्दयता पूर्वक मार डाले जाते थे और अनेक अभागे दम्पतियों के लाल जबर्दस्ती उनके हाथों

से छीन लिए जाते थे। लाख यत्न करने पर भी कृष्ण और बलदेव उन दानवों की दृष्टि से न बच सके। कंस को तुरंत सूचना दी गई, क्योंकि नंद के प्रभाव के कारण वहां हर एक की दाल न गलती थी।

कंस ने सोच विचार करने के बाद इस कार्य का भार पूतना नामक राक्षसी को दिया। वह एक सुंदर ग्वालिन का वेश धारण कर नंद के घर गई। यशोदा ने उसका यथोचित सत्कार कर बैठने को आसन दिया। पूतना ने बड़े प्रेम से कृष्ण को उठा लिया और स्तनपान कराने लगी। उस दुष्टा ने स्तनों पर विष लगा रखी थी। उसने समझी कि विषपान करते ही कृष्ण का अंत हो जाएगा, परन्तु मायापति से ही उसकी यह माया कैसे चल सकती थी। कृष्ण स्तनपान करते हुए उसकी (पूतना) जीवनी शक्ति का हरण करने लगे। पूतना की व्याकुलता बढ़ने लगी। अंग-प्रत्यंग में असह्य वेदना होने लगी और अंत में उसकी आंखें उलट गईं। उसने अपने आपको छुड़ाना चाहा, परन्तु कृष्ण ने नहीं छोड़ा। वह चिल्लाती हुई वहां से भागी और निर्जीव हो गिर पड़ी। नंद वहां से कृष्ण को उठा लाए और उनकी रक्षा पर परमात्मा को धन्यवाद देने लगे।

इस घटना को देख कंस को दृढ़ विश्वास हो गया कि कृष्ण ही मेरा शत्रु है। अग्नि, रोग, ॠण और रिपु

को बढ़ने का अवसर न दे इन सभी का आरंभ ही में नाश कर देना चाहिए। यह सोच वह उनके मारने की प्राणपण से चेष्टा करने लगा। प्रतिदिन एक न एक वधिक इस कार्य के लिए गोकुल जाता और यथाशक्ति प्रयत्न करता।

एक दिन एक राक्षस ब्राह्मण के वेश में वहां गया, उसने यशोदा से कृष्ण के दर्शन की अभिलाषा प्रकट की। यशोदा जल भरने जा रही थीं, अत: लौट आने तक बैठने की प्रार्थना की। कृष्ण भी उस समय सो रहे थे। यशोदा की अनुपस्थिति देख उस राक्षस ने उन्हें मार डालना चाहा और उनके पास गया। कृष्ण ने उसकी जीभ पकड़कर ऐंठ दी और मुंह में दही भर दिया। आसपास जो पात्र पड़े थे वह भी तोड़ फोड़ डाले।

यशोदा ने आकर देखा कि मटकियां फूटीं पड़ी हैं, दही दूध का कीचड़ मच रहा है और ब्राह्मण देवता खड़े घबड़ा रहे हैं। उन्होंने उससे पूछा—"दही खाया तो यह बरतन क्यों फोड़ डाले?"

राक्षस में बोलने की शक्ति न थी। उसने कृष्ण की ओर उंगली उठा दी। यशोदा को विश्वास न हुआ। एक अबोध बालक यह सब कैसे कर सकता है? उन्होंने उसे ही दोषी समझा, परन्तु ब्राह्मण जान केवल घर से

निकाल दिया और कोई सजा न दी।

इसके बाद कागासुर पहुंचा। कृष्ण ने उसकी गरदन ऐंठ फेंक दिया और वह निर्जीव हो कंस के सम्मुख जा गिरा। फिर शकटासुर की बारी आई और उसकी भी यही दशा हुई। एक दिन तृणावर्त आया और वह यशोदा सहित कृष्ण को उठा ले जाने की बात सोचने लगा। इतने में बड़े जोर से आंधी आई। कृष्ण ने अपना वजन बढ़ा दिया। यशोदा उन्हें उठाकर अंदर न ले जा सकीं। समझाने पर भी नहीं माना। यशोदा ज्योंहीं वहां से स्थानान्तरित हुई त्योंही कृष्ण ने उस दुष्ट का गला घोंट डाला। वह निर्जीव हो वहीं गिर गया। यह देख यशोदा के आश्चर्य का बारापार न रहा। उन्होंने कृष्ण की वलैया ले बहुत कुछ दान पुण्य किए।

एक दिन किसी ने शिकायत कर दी कि कृष्ण मिट्टी खा ली है। यशोदा ने उन्हें धमकाकर मुंह दिखाने को कहा। कृष्ण ने अपनी निर्दोषिता सिद्ध करने के लिए उनके सम्मुख अपना मुंह खोल दिया। यशोदा को उसमें तीनों लोक दिखाई पड़ने लगे और उनके आश्चर्य की सीमा न रही।

शुक्ल पक्ष के चन्द्र की तरह कृष्णचन्द्र की कला भी बढ़ती जा रही थी। ज्यों ज्यों वह बड़े होते गए त्यों त्यों अपनी बाल लीला का विस्तार करने लगे। गोकुल

की समस्त जनता उनको अधिकाधिक चाहने लगी। सबका स्नेह भाव उनपर बढ़ता ही गया। यहां तक कि वह उत्पात करें, दही दूध नष्ट कर दें, बरतन फोड़ दे, तब भी वह उन्हें उसी भाव से बुलाते, बैठाते और खिलाते। गोकुल का एक भी घर ऐसा न था जहां कृष्ण का आवागमन न हो। वह प्रत्येक घर में जाते, खेल कूद करते, दही दूध खाते और मौज उड़ाते थे। कहीं कहीं उत्पात कर बैठते और हंसी में खेल में मटुकियां फोड़ डालते थे। क्षणमात्र में वह उत्पात कर इधर से उधर हो जाते। उनमें इतनी चंचलता, इतनी स्फूर्ति, इतना चिलबिलापन था कि उन्हें स्थानान्तरित होते देर ही न लगती थी। एक दिन मुहल्ले में बड़ा उत्पात मचाया। प्रत्येक घर में कुछ न कुछ तोड़ फोड़ दिया। चारों ओर से यशोदा के पास उलाहनें आने लगे। यशोदा ने कहा, कृष्ण तो कहीं गया ही नहीं। वास्तव में बात कुछ ऐसी ही थी। उन्हें इसका पता ही न रहता था कि कृष्ण कब बाहर जाते हैं और कब लौट आते हैं। वह इधर उधर से काम करके आतीं, तो उन्हें घर में ही पातीं। कृष्ण को अनेक स्थानों में देख लोगों को भ्रम हो जाता था। उन्हें मालूम पड़ता कि अनेक कृष्ण एक ही समय अनेक स्थानों में विचरण कर रहे हैं। इसका कारण उनका चिलबिलापन ही था।

एक दिन कृष्ण ने अपने ही घर में उत्पात मचाया। वह और उनके बाल मित्रों ने खूब दही दूध और माखन उड़ाया। अंत में मटुकियां फोड़ डालीं और घर भर में दही दूध की नदियां बहा दीं। यशोदा ने आकर यह देखा और बड़ा क्रोध प्रकट किया। सब लड़के तो भाग गए, परन्तु कृष्ण पकड़ लिए गए। यशोदा ने उनकी कमर एक दामन से बांध दी और उसका सिरा एक वजनदार ऊखल में अटका दिया। कृष्ण बैठे बैठे रोते और विनय अनुनय करते रहे, परन्तु छूट न सके। यशोदा ने आज कठोर दंड देने का निश्चय किया था अत: मुहल्ले की कितनी ही स्त्रियों के समझाने बुझाने पर भी उन्हें न छोड़ा। कृष्ण ने खड़े हो उस ऊखल को आंगन की ओर घसीटना आरंभ किया। वह बड़े हृष्ट पुष्ट और बलिष्ट थे। फिर भी यह काम साधारण बच्चों की शक्ति के बाहर का था। परन्तु कृष्ण जमीन पर पैर अड़ा अड़ा कर उसे दामन के सहारे खींचते और कुछ न कुछ खिसका ही ले जाते। उनके आंगन में दो वृक्ष थे। वह दोनों पास ही पास थे। कृष्ण ने उस ऊखल को उन दोनों वृक्षों के बीच में फंसा कर ऐसा जोर लगाया कि वह उखड़ कर गिर पड़े। लोगों के आश्चर्य का ठिकाना न रहा। उन वृक्षों को गिरा देना आसान काम न था। यशोदा ने विस्मत हो सहर्ष उन्हें

बंधन मुक्त कर दिया। कुबेर के दो पुत्र नारद के शाप से इन वृक्षों के रूप में परिवर्तित हो गए थे। वृक्षों के उखड़ते ही उन दोनों का उद्धार हुआ। उन्होंने दिव्य रूप में प्रकट हो कृष्ण की स्तुति की और फिर अन्तर्द्धान हो गए।

कृष्ण की यह लीला देख गोकुल के लोगों को कितना हर्ष होता था, कंस को उसका सौगुना संताप होता था। उसने अब तक कृष्ण को मार डालने के लिए जितनी चालें चली थीं वह सब बेकार हो गई थी। जितनी चेष्टाएं की थीं वे सभी निष्फल सिद्ध हुई थी। उसका एक भी प्रयत्न सफल न हुआ था। कंस ने अब असुरों को बड़ी बड़ी आशा दी, खूब प्रलोभन भी दिया। कहा—किसी न किसी तरह कृष्ण को अवश्य मार डालो। इसीलिए राक्षसों का उत्पात अब बहुत बढ़ गया। गोकुल में आए दिन एक न एक अनर्थ होने लगा। नंद को बड़ी चिंता हुई। वह गोकुल को छोड़ वृन्दावन में जा बसे। वह समझे कि अब सुरक्षित स्थान में आ गए, परन्तु कंस के अनुचरों ने यहां भी पीछा न छोड़ा। वह तो कृष्ण की घात में थे। नंद चाहे घर में रहे या आगन में, गोकुल में रहें या वृन्दावन में उन्हें तो अपने काम से काम था।

जब कृष्ण की अवस्था पांच वर्ष की हुई, तब वह

अपने बाल मित्रों के साथ बछड़ों को चराने के लिए जंगल में जाने लगे। एक दिन एक राक्षस बछड़े का रूप धारण कर उन्हें मारने की चेष्टा करने लगा। कृष्ण को यह रहस्य मालूम हो गया। उन्होंने पैर पकड़ उसे इस जोर से पटका कि उसके प्राण निकल गए। दूसरे दिन बकासुर आ पहुंचा। वह पक्षी के रूप में था। कृष्ण के निकट वह चोंच फैलाकर बैठ गया। कृष्ण उसके उदर में प्रवेश कर गए। ज्योंहि वह अंदर पहुंचे त्योंही उसके पेट में दाह होने लगा। उसने कृष्ण को उसी क्षण बाहर निकाल दिया। कृष्ण ने उसकी चोंच पकड़ कर चीर डाली। सब लड़के उसके विकसित मुख में बैठ खेल करने लगे। कृष्ण भी उन्हीं में जा मिले। परंतु राक्षस का प्राण अभी निकला न था। उसने सबको अपने मुख में बैठे देख बड़े वेग से सांस ली। सांस के साथ ही सबके सब उसके पेट में चले गए। राक्षस प्रसन्न हुआ, परंतु लड़कों के प्राण संकट में जा पड़े। कृष्ण ने तुरन्त अपना शरीर बढ़ाना आरंभ किया, यहां तक कि बकासुर का पेट फट गया और सबके सब बाहर निकल पड़े।

एक दिन बछड़े चर रहे थे। ग्वाल बालों को क्षुधा लग रही थी। सबके सब एक साथ भोजन करने बैठ गए। कृष्ण ने भी उनका साथ दिया। देवताओं को यह

देख संदेह हुआ। उन्होंने कृष्ण की परीक्षा लेने का निश्चय किया और बछड़े कहीं स्थानान्तरित कर दिए। ग्वाल बाल खा पीकर उठे तो बछड़े गायब! वे घबड़ाने और रोने लगे। कृष्ण ने उन्हें आश्वासन दिया और उसी रूप रंग के बछड़े तैयार कर दिए। बछड़ों को पाकर ग्वाल बाल बड़े प्रसन्न हुए और देवताओं को भी विश्वास हो गया कि कृष्ण सभी कुछ करने में समर्थ हैं।

इसी प्रकार श्रीकृष्ण अनेक लीलाओं का विस्तार कर रहे थे। एक दिन गायों को खोजते खोजते गोपगण श्रीकृष्ण से विलग हो गए। परिश्रम करने के कारण उन्होंने अत्यंत तृषित होकर यमुना का जल पी लिया। यमुना का इस स्थान का जल विषाक्त था। उसे पीते ही सबके सब व्याकुल हो उठे। अचानक श्रीकृष्ण वहां जा पहुंचे और सबके प्राण बचाये। गोप उस दिन से श्रीकृष्ण का बड़ा उपकार मानने लगे।

एक दिन कंस को कहीं नारद मुनि मिल गए। उन्होंने उसे कृष्ण के विनाश की एक युक्ति बताई।। कंस ने तदनुसार नंद को कदम्ब पुष्प ला देने की आज्ञा दी। नंद बड़े चिंतातुर हुए। कदम्ब वृक्ष यमुना के उस भाग में स्थित था जहां भयंकर कालीय नाग का निवास स्थान था। वहां से कोई जीवित नहीं लौट सकता था।

कृष्ण को यह समाचार ज्ञात हुए। वह नित्य नियमानुसार ग्वाल बालों के साथ गायें चराने गए। यमुना के तटपर गायों को छोड़ वह मित्रों के साथ गेंद खेलने लगे। खेलते खेलते गेंद यमुना में चला गया। शायद श्रीकृष्ण उसे जान बूझकर वहां फेंक दिया था। ग्वाल बाल गेंद ला देने के लिए उनसे झगड़ा करने लगे। कृष्ण ने कहा—"धैर्य धरो, मैं अभी लाये देता हूं।"

इसके बाद वह कदम्ब पर चढ़ यमुना की अगाध धारा में कूद पड़े। ज्योंहि वह पानी में पड़े त्योंहि डुबकी लगाकर गायब हो गए और कालीय नाग के पास जा पहुंचे। नाग पत्नी उनका अलौकिक सौन्दर्य देख मोहित हो गई और कृष्ण को लौट जाने के लिए समझाने लगी। कृष्ण ने उनकी एक न सुनी और पूंछ अमेठ नाग को जागरित किया। ज्योंहीं निद्रा भंग हुई, त्योंहि वह झल्लाकर बड़े वेग से फुंकार करने लगा। कृष्ण को उसने चारों ओर से जकड़ लिया और उन्हें मार डालने की चेष्टा करने लगा। कृष्ण भी सावधान थे। उन्होंने अपना शरीर परिवर्द्धित किया। नाग ने विवश हो उन्हें छोड़ दिया। श्रीकृष्ण ने तुरंत उसे नाथ पहना दी और उसके मस्तक पर खड़े हो वंशी ध्वनि करने लगे। उनके भार से नाग व्याकुल हो अधमरा सा हो गया। कृष्ण ने उसे वह स्थान परित्याग कर रणद्वीप में रहने की

आज्ञा दी। नाग को ज्ञान उत्पन्न हो चुका था। उसने सपत्नीक उनकी प्रार्थना कर आज्ञा शिरोधार्य की। उसने कृष्ण को तीन पुष्प और दी और बहुमूल्य रत्न भी भेंट दिए। कृष्ण उन्हें ले बाहर निकल गए। नंद बाबा को पुष्प और ग्वाल बालों को गेंद ला दिया। उस दिन से यमुना का जल निर्मल और अमृत समान हो गया।

कृष्ण द्वारा वह पुष्प प्राप्त कर नंद ने कंस को दे दिए। उसकी यह युक्ति भी निष्फल हुई, परंतु वह निराश न हुआ। उसने अब धुन्धक नामक राक्षस को भेजा। धुन्धक रात्रि के समय वृन्दावन गया। चारों ओर निस्तब्धता छा रही थी। लोग मधुर निद्रा का आखादन कर रहे थे। सर्वत्र सन्नाटे का साम्राज्य था। राक्षस ने यही समय अपने कार्य के लिए उपयुक्त समझा। उसने चारों ओर आग लगा दी। समस्त वृन्दावन भयंकर लपटों में लीन होने लगा। नगर के अधिवासी गण जाग पड़े और इस आपत्ति को देख घबड़ाने लगे। समूचा नगर ज्वालामय हो रहा था। अबोध पशु पक्षी प्राण विसर्जन कर रहे थे। सबको अपने अपने प्राणों को पड़ी थी, उन बेचारों का रक्षा कौन करे? चारों ओर हाहाकार मच गया। नंद की भी निद्रा भंग हो गई। कृष्णादिक की रक्षा का उपाय सोचने लगे। कृष्ण इस भीषण दृश्य को अधिक देर न देख सके। जिसकी

कृपा से अगस्त ऋषि महासागर का पान कर गए थे, उसमें इस दावानल को अनायास ही शांत करने की शक्ति थी। इच्छा करते ही श्रीकृष्ण उस घोर दावानल का पान कर गए और राक्षस को मार डाला।

इस प्रकार प्रतिदिन एक न एक उत्पात हुआ करता था। प्रत्येक राक्षस श्रीकृष्ण को मारने की घात में लगा रहता था। बात बात में उनका छल प्रपंच और षडयंत्र दिखाई पड़ता था। परंतु, श्रीकृष्ण सदा सावधान रहते थे। उनसे किसी की एक न चलती थी। बलदेव भी धोखे में न आते थे। वह भी विकट वेशधारी अनेक राक्षसों का नाश कर चुके थे। विचारा कंस इन बातों को देख देखकर व्याकुल हो रहा था। उसे रात दिन चैन नहीं पड़ती थी। मारे चिंता के रात को नींद भी न आती थी। उसकी आशा निराशा में परिणत हो चली थी। देवताओं की आकाश वाणी पर उसे विश्वास होने लगा था।

श्रीकृष्ण वंशी बजाने में बड़े ही निपुण थे। अपनी बंशीपर उन्हें बड़ा प्रेम था। उसकी ध्वनि सबको मस्त बना देती थी। उसमें ऐसी मोहिनी भरी थी कि सुनने वाले जड़ भरत बन जाते थे। दूर वाले पास आ जाते थे और पास वाले उसी ध्वनि में लीन हो जाते थे। एक दिन उनकी गायें कहीं दूर चली गई। खोज करने पर

दुर्लभ ई. साहित्य कार्नर

भी उनका पता न मिला। श्रीकृष्ण कदम्ब पर चढ़ वंशीध्वनि करने लगे। उसको सुनते ही गायें मुग्ध हो दौड़ आईं। नगर निवासी एकत्र हो गए और पक्षीगण घोंसलों से निकल पड़े। क्या पशु, क्या पक्षी, और क्या मनुष्य, सबकी दशा एक समान थी। किसी को अपने तन बदन की सुधि न थी। मयूर उसी वृक्ष पर जा बैठे। और उसी ध्वनि में लीन हो गए। श्रीकृष्ण की वंशी में ऐसी ही अलौकिक मोहिनी थी। उसकी ध्वनि को सुन लोग अपना अपना काम छोड़ बैठते थे। उनकी वंशी जादू का काम करती थी। लोग उन्हें इसीलिए 'मोहन' कहा करते थे।

कृष्ण की अवस्था अभी बहुत छोटी थी। वह देखने में एक साधारण बालक प्रतीत होते थे, परन्तु उनकी आत्मा क्षुद्र न थी। नीति और न्याय की स्थापना के बीज उनके हृदय में शैशवावस्था से ही अंकुरित हो उठे थे। वह अनीति और अधम नहीं देख सकते थे। उनके बाल्य जीवन की ही एक घटना से हमें इसका परिचय मिलता है। एकदिन मदोन्मत गोप ललनायें यमुना स्नान करने गयीं। वह विवेक शून्य हो नग्न अवस्था में जल कीड़ा करने लगीं। कृष्ण को इसका पता लगा। वह नीति का यह खून न देख सके और तुरन्त घटना स्थल पर पहुंचे। पहले तो उन्होंने दंड

देने के अभिप्राय से उनकी साड़ियां हटा दीं। फिर युवतियों को बहुत कुछ भला बुरा कहा और उपदेश दिया। उनकी बातों का उन रमणियों के हृदय पर बड़ा प्रभाव पड़ा और उन्होंने क्षमा प्रार्थना एवं प्रतिज्ञा की कि अब ऐसा कभी न करेंगी। कृष्ण यह सुन लौट आए और फिर कभी ऐसी घटना न घटित हुई।

श्रीकृष्ण के जीवनकाल में अनेकानेक घटनाएं घटित हुई थी। वह सब चमत्कार पूर्ण और उनके अलौकिक सामर्थ्य की द्योतक है। उनके प्रत्येक कार्य में एक न एक बात ऐसी पाई जाती थी जो उनके असाधारण गुण, अलौकिक शक्ति अपूर्व साहस और अतुल प्रतिभा का परिचय देती थी।

एक दिन श्रीकृष्ण ने ऋषि और ऋषि-पत्नियों का आंतरिक भाव देखने के विचार से उनके यहां अपने मित्रों को भेज भोजन मांग लाने को कहा। ऋषि पत्नियों ने जो कुछ तैयार किया था वह सभी उठा दिया। कितनी ही स्वयं उन्हें देने और देखने आयीं। ऋषियों को यह देख कुछ आश्चर्य हुआ परन्तु जब उन्होंने स्वयं श्रीकृष्ण को देखा और उनकी बातें सुनी तब उनका संदेह जाता रहा। श्रीकृष्ण को वह भी अलौकिक ज्ञानी और परम पुरुष मानने लगे।

गोवर्द्धन धारण—गोप गण परम्परा से इन्द्र की

पूजा करते आते थे। श्रीकृष्ण ने उन्हें गोवर्द्धन पूजा का आदेश दिया और गोप–गणों ने वैसा ही किया। इन्द्र को यह देख सीमातीत क्रोध हुआ। मूसलाधार वृष्टि होने लगी और सबको बड़ा कष्ट पहुंचा। कृष्ण गोवर्द्धन को छत्र की तरह उठा लिया और उसके नीचे ग्वाल बाल अपने गोधन सहित सानन्द बैठे रहें। इन्द्र की एक न चली। उनका गर्व खर्ब हो गया। इसके लिए उन्हें श्रीकृष्ण से क्षमा प्रार्थना करनी पड़ी।

एक दिन यमुना स्नान कर मंद जल में खड़े होकर जाप कर रहे थे। वरुण के दूत उन्हें अपने स्वामी के पास पकड़ ले गए। श्रीकृष्ण तुरंत वरुण के पास पहुंचे। कृष्ण को देखते ही वरुण ने क्षमा प्रार्थना की और नंद को बंधन मुक्त कर दिया। नंद श्रीकृष्ण का यह प्रभाव देखकर बड़े प्रसन्न हुए। इसी प्रकार उन्होंने सुदर्शन विद्याधर का उद्धार किया। वह धन और सौन्दर्य मद से उन्मत हो गया था। अंगिरा ऋषि ने उसे शाप दे दिया था और तबसे वह अजगर बन गया था। एक दिन उसने नंद का एक पैर ग्रस लिया। श्रीकृष्ण ने ज्योंहि अपने पैर से उसको स्पर्श किया, त्योंही उसने नंद को छोड़ दिया और अपने पूर्व स्वरूप को प्राप्त हुआ। इसके अतिरिक्त उन्होंने कंस प्रेरित वृषभासुर, केशी, व्योमासुर इत्यादि अनेक राक्षसों को सम्मुख

आते ही मार डाला और अपने अलौकिक पराक्रम का परिचय दिया।

कंस इन अनेकानेक राक्षसों का नाश देख भयभीत हुआ। उसे निश्चय हो गया कि कृष्ण मुझे अवश्य मार डालेंगे। वह शोकातुर और चिंतित रहने लगा। उसकी यह दशा देख मंत्रियों ने धनुर्यज्ञ करने का आदेश दिया। चित्त की शांति के लिए यज्ञानुष्ठान करना श्रेयस्कर माना जाता था। कंस ने उनकी बात मान ली। साथ ही उसने निश्चय किया कि इस अवसर पर कृष्ण को निमंत्रण दिया जाय और यहां आने पर उनको किसी प्रकार मार डालने की चेष्टा की जाय। सारी बातें तय हो गईं। अक्रूर कृष्ण और बलदेव को बुलाने गए। कंस का संदेश सुन दोनों भाई बड़े प्रसन्न हुए। कुछ मित्रों को साथ ले नंद सहित वह मथुरा चले। वृन्दावन निवासी उनके वियोग से दुखी होने लगे। उनको विश्वास था कि कंस इनके प्राण हरण करने का प्रयास करेगा। श्रीकृष्ण ने सबको स्नेह सूचक शब्दों से सम्बोधित कर शांत किया और मथुरा की राह ली।

अक्रूर ने श्रीकृष्ण को अपना अभ्यागत बनाना चाहा परन्तु श्रीकृष्ण ने उनका अतिथ्य ग्रहण करने से इनकार किया। वह बोले–"हम तो कंस के अतिथि हैं अतः उन्हीं का आतिथ्य ग्रहण करेंगे। आप उन्हें हमारे

आगमन की सूचना दें और हो सके तो हमारे माता पिता को भी सूचित कर दें। आपका आतिथ्य हम फिर किसी अवसर पर ग्रहण करेंगे।"

अक्रूर ने जाकर कंस को खबर दी। कृष्ण का आगमन सुनते ही उसके होश उड़ गए, हाथ पैर ढीले पड़ गए और चेहरे पर उदासी की काली घटा छा गई। किसी तरह उसने अपने को सम्हाला और मन को दृढ़ किया। कृष्ण को मार डालने की बात उसने पहले ही सोच रखी थी, अब उसे वह कार्य रूप में परिणत करने की योजना बनाने लगा। उस ओर श्रीकृष्ण ने एक मनोहर वाटिका में अपना डेरा डाल दिया। दूसरे दिन वह अपने मित्रों के साथ ले नगर की शोभा देखने चले। मार्ग में उन्हें कंस का धोबी मिला। सबने उससे वस्त्र छीन लिए। कहीं दरजी भी मिल गया और उसने वस्त्रों को काट छांटकर ठीक बना दिया। कृष्ण के मित्रों ने उन्हें बड़ी प्रसन्नता से पहन लिया।

आगे चलकर उन्हें कंस की एक दासी मिली। वह कुब्जा थी। कृष्ण पर उसका बड़ा अनुराग था। उसने चन्दनादिक ले उनकी पूजा की। कृष्ण उसका भक्तिभाव देख अत्यंत प्रसन्न हुए। मथुरा की जनता कृष्ण का आगमन सुन उनके दर्शनार्थ उमड़ पड़ी। उसने कंस का भय छोड़ उनका स्वागत किया। आगे आगे श्रीकृष्ण

वंशी ध्वनि करते हुए जा रहे थे और उनके पीछे ग्वाल बाल गाते बजाते नाचते कूदते चले आ रहे थे। दृश्य बड़ा ही अपूर्व था। चारों ओर से पुष्प वृष्टि हो रही थी और प्रजा प्रेमोन्मत्त हो उनका अनुसरण कर रही थी। इस समय अपंग चलने लगे, अंधे देखने लगे और वधिर सुनने लगे। मूक मनुष्य भी उनका गुणगान कर हर्षित हुए और रोगी भी निरोग हो गए। शक्तिहीन बाल दौड़ पड़े और वृद्धों ने जवानों का स्थान ग्रहण किया। इस प्रकार श्रीकृष्ण के आगमन से मानो मथुरा पुरी के रोग, दोष, अज्ञान, शोक, भय, चिंता, आलस्य और अन्याय इत्यादि समस्त दोष नष्ट हो गए और उनका स्थान विवेक, धर्म, करुणा, भक्ति, प्रीति, आचार, जप, तप, क्षमा सत्य और उद्योगादि ने ग्रहण किया। चारों ओर चहल पहल मची हुई थी। सबके मुख प्रसन्न थे, मानों आज वह किसी महाविपत्ति से मुक्त हो गए हैं।

श्रीकृष्ण थोड़ी दूर और अग्रसर हुए तो एक ऊंचे चबूतरे पर एक विशाल धनुष रखा हुआ दिखाई पड़ा। उसकी अनेक मनुष्य रक्षा कर रहे थे। कंस ने उसे स्थापित किया था और समस्त प्रजा को उसकी पूजा करनी पड़ती थी। वास्तव में वह प्रजा के आत्मसम्मान नष्ट करने की चीज थी। प्रजा को अनिच्छापूर्वक भी उसकी पूजा करनी ही पड़ती थी। श्रीकृष्ण ने उस

धनुष के पास जाना चाहा परंतु रक्षकों ने आज्ञा न दी। श्रीकृष्ण बलात् वहां चले आए और उस धनुष को तोड़कर दो टुकड़े कर दिए। रक्षकों ने उन पर आक्रमण किया, परन्तु श्रीकृष्ण ने उनका विनाश कर अपने अतुल बाहुबल का परिचय दिया। प्रजा के आत्माभिमान को पनपने का इस प्रकार अवसर देकर श्रीकृष्ण ने मानो धर्म की स्थापना का सूत्रपात किया।

कंस यह समाचार सुनकर भय से कांप उठा। अब उसका रहा सहा धीरज भी विलुप्त हो गया। रात्रि को अनिष्ट सूचक स्वप्न आने लगे और दिन को भी कृष्ण की काल मूर्ति उसकी आंखों के सामने नाचने लगी। भांति भांति के अपशकुन होने लगे और उसका हृदय खिन्न रहने लगा। यह सब होते हुए भी विनाश काले विपरीत बुद्धि: के अनुसार उसको चेत न हुआ। उसने कृष्ण को शल, दुशल, खाणुर, मुष्टि और कुट इन पांच भीषण काय मल्लों से मल्लयुद्ध कराकर मरवा डालने की योजना की। कृष्ण को उसने इस बात की सूचना भी न दी फिर भी उसे संशय था कि कहीं खबर पाकर श्रीकृष्ण भाग न जाएं। ऐसा न हो अत: उसने कृष्ण पर निगाह रखने के लिए अनेक चरों को नियुक्त किया था। श्रीकृष्ण को यह सब समाचार ज्ञात हो चुके थे। वह तो उसका नाश करना ही चाहते थे

अत: भागने का विचार भी क्यों करें? शांत हो उचित अवसर की प्रतीक्षा करने लगे।

कंस ने यथोचित प्रबन्ध कर लेने के बाद श्रीकृष्ण को सभा भवन में बुलावा भेजा। श्रीकृष्ण अपने बाल मित्रों को साथ ले दरबार की ओर चले। एक संकीर्ण पथ से होकर वह जा रहे थे। देखा तो मार्ग एक उन्मत्त हाथी द्वारा अवरुद्ध है। कंस तक पहुंचने का कोई दूसरा मार्ग न था। अत: सर्वप्रथम कृष्ण को उसका ही सामना करना पड़ा। कंस ने जान बूझकर हाथी को मदिरा छकायी थी और उसे उन्मत्त बनाकर राजद्वार के पथ में छोड़ दिया था। उसने महावत को आज्ञा दी थी कि कृष्ण को देखते ही उनपर इसे छोड़ देना और जिस तरह हो उन्हें मरवा डालना।

ग्वाल बाल उस हाथी को देखकर चौंक पड़े। श्रीकृष्ण ने उसके महावत कुन्तार से कहा कि इसे हटाकर हम लोगों को निकल जाने दो। कुन्तार ने उनकी बात न सुनी और हाथी को उत्तेजित करने लगा। महा पराक्रमी श्रीकृष्ण हाथी की पूंछ पकड़ उसे चक्राकार घुमाने लगे और घुमाते-घुमाते बड़ी दूर तक चले गए। लोगों ने उनका यह सामर्थ्य देख दांतों तले उंगली दाब ली। चारों ओर हाहाकर मच गया। श्रीकृष्ण ने एक स्थान पर उसे पटक दिया और उसके पैर पर

बल पूर्वक दंड प्रहार किया। इस प्रहार से वह हाथी अत्यंत क्रुद्ध और उत्तेजित हो उठा। उसने श्रीकृष्ण को चपेट में लाने की चेष्टा की परन्तु वह उसके नीचे से दूसरी ओर निकल गए। हाथी और चिढ़ा। श्रीकृष्ण ने पुनः उस पर प्रहार किया और दूर जा खड़े हुए। कुन्तार ने हाथी को पुनः उन पर छोड़ दिया। इस बार उस उन्मत और क्रोधान्ध हाथी ने श्रीकृष्ण को अपनी ठोकर से भूमि में गिरा मिट्टी में मिला देना चाहा और बड़े वेग से आक्रमण किया। श्रीकृष्ण फुर्ती से चंचलता पूर्वक स्थानान्तरित हो गए परन्तु हाथी का वार खाली न गया। उसके सुदीर्घ दंत शूल भूमि में प्रविष्ट हो गए। कृष्ण यदि उसकी चपेट में आ गए होते तो उसने निर्दयता पूर्वक कुचल दिया होता। परन्तु यह कैसे हो! आज तो उसी का अंत होने को था। ज्योंहि उसके दोनों दांत भूमि में फंस गए त्योंही वह उन्हें निकालने का प्रयत्न करने लगा। श्रीकृष्ण ने इस अवसर का लाभ ले उसके कुम्भस्थल पर बड़े जोर से लात मारी और गर्दन अमेठ कर मार डाला। उसके साथ ही कुन्तार का भी शिर उड़ा दिया। कृष्ण ने उसके दांतो को उखाड़कर कंधे पर रख लिए और मुरली की मुधर ध्वनि करते हुए अग्रसर हुए। नाचते कूदते और हर्षनाद करते हुए, वह ग्वाल बाल भी पीछे चले। इस हाथी का नाम

कुवलयापीड़ था। वह एक तो यों ही बड़ा बलिष्ट था, दूसरे मदिरा छका कर मस्त बनाया गया था, परन्तु श्रीकृष्ण ने अनायास ही उसे मार डाला।

कंस ने जब कुवलया पीड़ की मृत्यु का हाल सुना तब बड़ा ही चिंतित हो उठा। उसके मन में अनेक प्रकार के संकल्प विकल्प उठने लगे। उसी क्षण कृष्ण वहां जा पहुंचे। सभा भवन ने अखाड़े का रूप धारण किया था। बड़े बड़े योद्धा पहलवान बैठे हुए थे। कंस ने अपना सिंहासन एक ऊंचे मंच पर सजाया था। उसके आठ भाई पार्श्व में ही रक्षार्थ उपस्थित थे। अनेक हृष्ट पुष्ट अंग रक्षक अपनी बड़ी तलवारों खड़े चमका रहे थे। झरोखों से संसादिकी स्त्रियां यह दृश्य देख रही थी। अनेक लोग श्री कृष्ण का मल्ल युद्ध देखने को उत्सुक हो रहे थे और सबका चित्त परिणाम की कल्पना करने में अटक रहा था।

कंस की आज्ञानुसार उसके मंत्री ने कृष्ण और बलराम को सम्बोधन कर कहा—"हे बालको! जैसा कि हमने सुना है, तुम दोनों बड़े पराक्रमी हो। आज इस अखाड़े में कंस को प्रणाम कर हमारे मल्लों से मल्लयुद्ध करो और अपनी शक्ति का परिचय दो, अन्यथा महाराजा कंस की आज्ञा भंग करने के कारण तुम्हें यथोचित दंड दिया जाएगा। महाराज तुम्हारा

युद्ध देखने को बड़े उत्सुक हैं, शीघ्र ही उनकी इच्छा पूर्ण करो।"

मंत्री की यह बात सुन धर्मिष्ट प्रजाजन कंस को धिक्कार देने लगे। कृष्ण की अवस्था केवल ग्यारह वर्ष की थी। उन्हें इन क्रूर मल्लों से भिड़ाना निरा अन्याय था। कृष्ण और बलराम मंत्री की बात सुन जरा भी विचलित न हुए, वह हाथियों के झुण्ड में मृगराज की भांति अखाड़े में कटिबद्ध हो कूद पड़े। दोनों ने देखते ही देखते चाणूर और मुष्टिक नामक दो पहलवानों को पराजित कर मार डाला। सभा में खलबली मच गई। तीन भीषण काय मल्ल खडग हाथ में लिए उनपर टूट पड़े। श्रीकृष्ण और बलराम निरस्त्र थे परन्तु वह जरा भी न घबड़ाये। लात और घूसों की मार से ही उन तीनों का काम पूरा हो गया। कंस यह देखकर थर्रा उठा। उसने क्रुध हो, अपने सैनिकों को आज्ञा दी कि इन दोनों उद्दण्ड छोकड़ों को बाहर ले जाकर मार डालो। इनके साथ का एक भी मनुष्य जिन्दा न बचे। देवकी वसुदेव और उग्रसेन का भी सिर उड़ा दो।

कंस की यह बात सुन श्रीकृष्ण को क्रोध आ गया। उनका चेहरा तमतमाने लगा। नेत्रों से चिनगारियां बरसने लगी और ओंठ फड़क उठे। वह महाकाल की तरह विकराल दिखाई पड़ने लगे। कंस उनका यह रूप

दुर्लभ ई. साहित्य कार्नर

देख घबड़ा गया और आंखें बंद कर लीं। उसका शरीर कांप उठा और उसी बीच में मुकुट खिसक कर नीचे गिर पड़ा। कृष्ण ने कंस की यह भाव भंगिमा देख ताड़ लिया कि वह भयभीत हो रहा है। वह तुरंत उछलकर मंचपर जा पहुंचा और कंस के केश पकड़कर सिंहासन से नीचे खींच लाये। कंस के होश पहले ही उड़ गए थे, रहा सहा साहस भी जाता रहा। उसे हाथ हिलाने का भी अवसर न दे श्रीकृष्ण उसकी छाती पर चढ़ बैठे और मुष्टिक प्रहारों से उसे निर्जीव कर डाला।

इस प्रकार ग्यारह वर्ष की सुकुमार अवस्था में श्रीकृष्ण ने अत्याचारी कंस का विनाश किया। कंस यद्यपि श्रीकृष्ण का मामा होता था, परन्तु वह बड़ा अधर्मी था। उसने अपने पिता उग्रसेन को बन्दी बना कारागृह में बंद कर दिया था। श्रीकृष्ण उन्हें मुक्तकर पुन: सिंहासनारूढ़ कराया और साथ ही अपने माता पिता का उद्धार किया। नन्द को अब उन्होंने वापस भेज दिया और स्वयं अपने पिता के पास वहीं रह गए।

कृष्ण के माता पिता को विश्वास हो गया कि कृष्ण साक्षात ब्रह्मरूप हैं। उन्होंने अपनी प्रबल शक्ति से ही कंस का नाश किया है। यह एक साधारण बालक का काम नहीं है अत: हमें कृष्ण के माता पिता होने का कोई अधिकार नहीं है। जो जगत पिता हैं उसे अपना

पुत्र कहना अनुचित और धर्मविरुद्ध है। कृष्ण को अपने माता पिता का यह भाव तुरंत मालूम हो गया। उन्होंने उनपर माया का आवरण डाल दिया। माया के फेर में पड़ते ही उनके हृदय में पुत्र भावना जाग्रत हो उठी। वह उन्हें देख बड़ा परिताप करने लगे। वह कहने लगे–"हाय! हमारे दोनों लाल पराये घर में परतंत्र जीवन व्यतीत करते रहे। ग्यारह वर्ष गौवों के पीछे वन वन भटकते रहे! हम उनको कुछ भी सुख न दे सके! इस समय हमारे पास एक दाना भी नहीं, इतने दिनों के बाद भी एक दिन हम इन्हें अच्छी तरह खिला पिला नहीं सकते! हा दैव! यह तेरी कैसी गति है?"

कृष्ण अपने माता पिता का यह परिताप देख कहने लगे–"आप इस तरह दुखी क्यों हो रहे हैं? इसमें खेद करने की कौन–सी बात है। आपका कोई दोष नहीं है। दोष तो वास्तव में हमारा है। हम आजतक आपके किसी काम न आये, आपकी सेवा न की यह हमारे लिए बड़ी लज्जा की बात है। हम तो नंद और यशोदा को ही माता पिता समझे हुए थे। आपने बड़ा कष्ट उठाया! हमारी शक्ति को धिक्कार है कि तुरंत आपको बंधन मुक्त न कर सके। संसार में माता पिता के समान और कोई आत्मीय है ही नहीं। पुत्र के लिए माता देवी–स्वरूपा और पिता ईश्वर स्वरूप है। माता

पिता के चरणों में सभी तीर्थ है। उनकी सेवा छोड़ जो तीर्थाटन और दान पुण्य करते हैं वह व्यर्थ ही कष्ट उठाते हैं। यह मिट्टी के ढेर पर हवन करने के समान है। पुत्र, माता पिता की सौ वर्ष पर्यंत सेवा करें और उनके बराबर तौल कर सुवर्णदान करें, तब भी वह उसकी तुलना में नहीं आ सकता। माता पिता के ऋण से पुत्र कदापि मुक्त नहीं हो सकता। जिसने अपने माता पिता को कष्ट दिया, उस पुत्र को दैत्य समझना चाहिए। ऐसे कृतघ्नी पुत्र पर ईश्वर भी प्रसन्न नहीं रह सकता। वह दरिद्र हो दर दर भीख मांगता और भटकता फिरता है। जो माता पिता की सेवा नहीं करते, उन्हें दूसरों को न करने योग्य निंदनीय सेवा करनी पड़ती है। माता पिता का तिरस्कर करने वाले पुत्र पशु योनि में जन्म पाते हैं, उनके शरीर में कीड़े पड़ते हैं और कौवे उनका मांस नोचते हैं। यह शास्त्रकारों का कथन है। जो अपनी स्त्री के वशीभूत हो, माता पिता को दुख देते हैं। उनका परित्याग करते हैं, वह कुत्ते का जन्म पाते हैं और एक एक टुकड़े के लिए भटकते फिरते हैं। हमारे शास्त्रकारों का यह भी कथन है कि जो केवल अपना ही पेट भरना जानते हैं और भग्नी तथा उसके पुत्रों को सहारा नहीं देते, वह शूकर योनी में जन्म पाते हैं। जो ससुराल में पेट पालते हैं, नीच मनुष्यों का संग

करते हैं, उनके कथनानुसार दुष्कर्म करते हैं और सच्चे साधु पुरुषों को दुर्वचन कहते हैं, सदा सर्वदा रुग्नावस्था में जीवन व्यतीत करते हैं। शिष्य के लिए गुरु और छोटे भाई के लिए बड़ा भाई, विष्णु स्वरूप है। उनको सदा आदर की दृष्टि से देखना चाहिए। इसी प्रकार सेवक को अपने मालिक के प्रति भक्ति भाव रखना चाहिए। स्त्री के लिए उसका पति ही ईश्वर है। जो जिसके लिये पूजनीय है, वही उसका देव है। जो मनुष्य पूजनीय की पूजा नहीं करते, वह अधर्म करते हैं। उन्हें कर्त्तव्य भ्रष्ट कहना चाहिए। हमलोगों ने आज तक आप लोगों की सेवा नहीं की, वृन्दावन में खेल कूद करते रहे, चैन से दिन बिताये और आप बंदी-गृह में बेड़ियां पहने, कैद रहे तथा नाना प्रकार के कष्ट उठाते रहे। हम आपके समक्ष दण्डनीय अपराधी हैं। आप हमें क्षमा करें। यद्यपि हम आपके कुपुत्र हैं और हमें आपसे ऐसा कहने का भी अधिकार नहीं है। पर अब हम आपकी आजीवन सेवा करेंगे और आज्ञानुसार चलेंगे। हम अपना जन्म तभी सार्थक समझेंगे जब आपके दुख दूर कर देंगे। हम दोनों भाइयों को जरा बड़े होने दीजिए, हमारे जीते जी फिर आपको किसी प्रकार का कष्ट हो तो हमें बलराम और कृष्ण नहीं, बल्कि कायर, कपूत और कुलांगर कहिएगा।"

कृष्ण और बलराम की यह बातें सुन, देवकी और वसुदेव बड़े ही प्रसन्न हुए। दोनों बच्चों को छाती से लगा, वह सजल नयन हो, उनको प्यार करने लगे। उनकी उस अवस्था को वही समझ सकता है, जो दश बारह वर्ष के बाद अपने बच्चों से मिलने का आनन्द उठा चुका हो। जिसको ऐसी दशा का अनुभव नहीं हुआ है, वह कृष्ण बलराम और उनके माता पिता को परस्पर मिलने से जो आनन्द प्राप्त हुआ, वह कैसे समझ सकता है।

"सवै दिन नाहिं बराबर जात।" वसुदेव और देवकी बंधन मुक्त हुए और अत्याचारी कंस का विनाश हुआ–कर्म का बंधन अटल है। "नेकी नेकराह बंदी बद राह।" उसने जैसा किया वैसा पाया।

वसुदेव, कृष्ण और बलराम को पाकर बड़े ही प्रसन्न हुए। उन दोनों का उपनयन संस्कर कराया और उन्हें सान्दीपनि ऋषि के पास विद्योपार्जन के लिए भेज दिया। सान्दीपनि का आश्रम उज्जैन के समीपवर्ती एक वन में था। दोनों भाई वहां गए और विद्याध्ययन करने लगे। उन्होंने गुरु की सेवा कर उन्हें प्रसन्न किया और थोड़े ही दिनों में वेद, उपनिषद, न्याय, तत्वज्ञान धनुर्विद्या और नीति शास्त्र के ज्ञाता बन गए। जब वह लौटने लगे, तब ऋषि ने गुरु दक्षिणा में अपना पुत्र ला

देने को कहा। कुछ समय पहले उसका देहांत हो गया था। उसके वियोग में ऋषि और ऋषि पत्नी दोनों अत्यंत दुखी रहते थे। कृष्ण को समर्थ जान कर ही उनसे यह बात कही गई थी। कृष्ण ने उनकी इच्छा पूर्णकर आशीर्वाद प्राप्त किया और अपने घर लौट आए।

उद्धव बड़े ज्ञानी थे। उन्हें अपने ज्ञान का बड़ा अभिमान था। कृष्ण ने उन्हें गोकुल के लोगों की प्रेम भक्ति दिखाई। उसे देख उनका अभिमान जाता रहा। इसके बाद उन्होंने अक्रूर को हस्तिनापुर भेज पांडवों की स्थिति का पता लगवाया। कौरवों का अन्याय और अत्याचार तथा पांडवों की विडम्बना का हाल सुन उन्होंने संकल्प किया, कि किसी न किसी तरह दुर्योधनादि अविचारी और अन्यायी नृपतियों के कष्ट से उन्हें विमुक्त करना चाहिए।

जरासंध मगध का राजा था। वह बड़ा ही शक्तिशाली और दुष्ट था। कंस का वह श्वसुर होता था। अत: उसके नाश का समाचार सुन वह कृष्ण का शत्रु बन गया। उसने बड़ी भारी फौज लेकर मथुरा पर आक्रमण किया। उग्रसेन की आज्ञा प्राप्त कर कृष्ण और बलराम ने उसकी प्रबल सेना से युद्ध किया। कृष्ण ने अतुल पराक्रम दिखाते हुए हजारों सैनिक मार डाले और शत्रु दल में खलबली मचा दी। जरासंध दुर्भाग्य से बलदेव

के हाथ पड़ गया। वह उसका प्राण हरण करना चाहते थे परन्तु कृष्ण ने उन्हें समझा बुझाकर छुड़ा दिया और वह लज्जित हो वापस चला गया।

जरासंध इसे अपना अपमान समझने लगा। वास्तव में दुष्ट मनुष्य का उपकारी के उपकार में भी अपकार ही दिखायी देता है। दुष्टों की ऐसी ही प्रकृति होती है। जरासंघ का स्वभाव भी ऐसा ही था। उसने पुन: आक्रमण किया, परन्तु फिर भी पराजित हो, उसे भाग जाना पड़ा। इसी प्रकार उसने सत्रहवार युद्ध किया; परन्तु एक बार भी विजयी न हुआ। अंत में लज्जा और ग्लानि के कारण वह राज्य छोड़कर तप करने चला गया।

दुरात्मा को कभी शांति नहीं मिलती। जरासंध के हृदय में प्रतिहिंसा की अग्नि धधक रही थी। वह शांति पूर्वक तप कैसे कर सकता था। उसने पुन: युद्ध करने का निश्चय किया, परन्तु इस बार स्वयं न जाकर कालयवन नामक एक दूसरे ही दुष्ट की अधिनायकता में सेना भेजी।

जरासंध की शत्रुता केवल श्रीकृष्ण से थी। श्रीकृष्ण का विनाश करने के लिए ही उसने मथुरा पर सत्रह वार आक्रमण किया था। युद्ध में पराजित दल का सर्वनाश हो ही जाता है।

जरासंध को अब मथुरा पर आक्रमण करने का कोई कारण न था। उसने कालयवन को द्वारिका ही भेजना स्थिर किया। मथुरा की प्रजा इस भांति उनके आक्रमण से छुटकारा पा गई, कालयवन ने द्वारिका पर आक्रमण किया।

कृष्ण ने व्यर्थ ही सेना के साथ युद्धकर अपनी शक्ति क्षीण करन उचित न समझा। युद्ध में अनेक मनुष्यों का नाश करना भी उन्हें अनुचित प्रतीत हुआ। उन्होंने अकेले कालयवन को ही मार डालना पर्याप्त समझा। उनका यह समझना बहुत ही ठीक था, क्योंकि बिना सरदार के बिना संचालक के, बिना नेता के कोई फौज कभी लड़ नहीं सकती। कृष्ण की यह एक उत्कृष्ट राजनैतिक चाल थी।

कृष्ण, कालयवन के सम्मुख अकेले ही युद्धार्थ उपस्थित हुए। कालयवन भी बड़ा शक्तिशाली था। वह भी अपने को बहुत कुछ समझता था। कृष्ण को अकेले देख, वह भी अपने रथ से कूद पड़ा और उनके साथ युद्ध करने लगा। कृष्ण ने और भी एक युक्ति सोची थी और तदनुसार वह समरस्थली से भाग चले। कालयवन उनके पीछे दौड़ता चला गया। श्रीकृष्ण गन्धमादन (गिरनार) पर्वत की एक गुफा में जा छिपे। उस गुफा में मुचकुन्द सो रहे थे। कृष्ण ने चुपचाप

उन्हें अपना पीताम्बर ओढ़ा दिया। कालयवन उन्हें खोजता हुआ वहीं जा पहुंचा। उसने समझा कि श्रीकृष्ण ही सो रहे हैं। अतः मुचकुन्द को एक लात मारी। मुचकुन्द जाग पड़े और उनकी क्रोधाग्नि में पड़ कालयवन स्वाहा हो गया। श्रीकृष्ण वहां से तुरन्त लौट आए और उसकी सेना को भगा दिया। शत्रुओं का बहुत सा माल उनके हाथ लगा।

जरासंध यह समाचार सुन अठारहवीं बार युद्धार्थ आ उपस्थित हुआ। इस बार श्रीकृष्ण ने एक पहाड़ी पर आश्रय लिया। जरासंध ने उसकी चारों ओर आग लगा दी। कृष्ण एक सुरक्षित स्थान में छिपे बैठे रहे। उसने समझा कि वह मर गए अतः प्रसन्न होता हुआ लौट गया।

कृष्ण वहां से द्वारिका लौट आए। फिर उन्होंने अपना विवाह करना स्थिर किया। विदर्भ देश की राजकन्या बड़ी गुणवती और सुन्दर थी। उसका नाम रुक्मिणी था। कृष्ण ने उसका हरण किया। उस समय उन्हें रुक्म, शिशुपाल तथा जरासंध से युद्ध करनी पड़ी और वह विजयी हुए। सत्राजित के मणिकी खोज करते समय उन्हें जाम्वन्त से युद्ध करना पड़ा था। जाम्बन्त ने प्रसन्न हो अपनी कन्या जाम्बवती का उनके साथ विवाह कर दिया था। कृष्ण ने सत्राजित का मणि ला

दिया। इस उपकार के प्रतिफल स्वरूप उसने स्वकन्या सत्यभामा का विवाह भी उनके साथ कर दिया।

प्राग ज्योतिष्टपुर में नरकासुर का अधिकार था। वह बड़ा अधर्मी था और आसपास की प्रजा पर बड़ा अत्याचार करता था। उसने अनेक राजकन्याओं का हरणकर उन्हें अपने नगर में बंद कर रखा था। कृष्ण उसको मारकर उन सबका उद्धार किया और उसके पुत्र भगवत को सिंहासनारूढ़ कराया।

एक बार सत्यभामा को कल्पवृक्ष की चाह हुई। श्रीकृष्ण ने इन्द्र की इच्छा न होने पर भी उनके नन्दन कानन से वह वृक्ष ला दिया। सत्यभामा उसे देख बड़ी प्रसन्न हुई और कृष्ण के सामर्थ्य की सराहना करने लगीं। उन्होंने राजा नृग का उद्धार और वाणासुर का मान-मर्दन किया। राजा पुण्डरीक भी बड़ा अन्याय कर रहा था, अतः उसे भी मारकर प्रजा का दुख दूर किया।

श्रीकृष्ण का पाण्डवों पर बड़े प्रेम था। जब द्रोपदी का स्वंयवर हुआ, तब उन्होंने पाण्डवों को प्रत्यक्ष और परोक्ष में सहायता प्रदान कर, उन्हें विजय दिलाई थी। जब अर्जुन तीर्थाटन करते हुए द्वारिका पहुंचे तब कृष्ण उनका बड़ा स्वागत किया था। कृष्ण के सुभद्रा नामक एक बहन थी। उन्होंने उसका विवाह अर्जुन से कर देना चाहा, परन्तु अनेक लोगों को यह बात पसंद न

थी। कृष्ण ने अर्जुन को समझाकर सुभद्रा का हरण कराया और इच्छा पूर्ण की। बलराम ने अर्जुन से युद्ध करने की तैयारी की, परन्तु कृष्ण ने उन्हें शांत कर दिया। सुभद्रा का विवाह सानन्द समाप्त हुआ।

इसके बाद वह इन्द्रप्रस्थ गए। पाण्डवों ने राजसूय यज्ञ करने की इच्छा प्रकट की। कृष्ण ने उसका समर्थन किया और कार्यारम्भ हुआ। जरासंध कृष्ण का प्रबल शत्रु था। कृष्ण ने यह समय उसको मार डालने के लिए उपयुक्त समझा। उसने अनेक नृपतियों को बन्दी बना रखा था। उनको बंधन मुक्त करने में भी बड़ा लाभ था। कृष्ण ने पाण्डवों को समझाया और भीम उसके साथ युद्ध करने को तैयार हो गए। छत्तीस दिन पर्यंत युद्ध होता रहा और अंत में भीम ने उसे मार डाला, दूसरे जो नरेश बंधन मुक्त किए गए, वह पांडवों की अधीनता स्वीकार कर, उन्हें सहायता देने को बाध्य हुए। कृष्ण के आज्ञानुसार वह सब भेट ले इन्द्रप्रस्थ पहुंचे और यज्ञ के कार्य में योग देने लगे।

यज्ञ के उपलक्ष्य में अनेकानेक राज वंशी इन्द्रप्रस्थ आए हुए थे। कृष्ण ने ब्राह्मणों की जूठन उठाने का काम अपने हाथ में लिया था। सब नरेशों को एक न एक काम सौंपा गया था। राजा शिशुपाल भी वहीं उपस्थित था। वह श्रीकृष्ण से बड़ा द्वेष रखता था और

बड़ा अत्याचारी था। यज्ञ के समय श्रेष्ठों के पूजन की प्रथा है। जो जिसे बड़ा मानता है, उसकी पूजा करता है। भीष्म सभी नृपतियों ने कृष्ण को ही सर्वश्रेष्ठ माना। किसी ने इसका विरोध न किया। युधिष्ठिर ने भी श्रीकृष्ण को ही सर्वश्रेष्ठ मानकर सर्वप्रथम उन्हीं की पूजा की। पर शिशुपाल यह सहन न कर सका। वह अपने को सर्वश्रेष्ठ समझता था। उसने कृष्ण का अपमान करना चाहा। उन्हें भरी सभा में वह दुर्वचन कहने लगा। कृष्ण बहुत देर तक उसकी गालियां सुनते रहे। अंत में उन्हें क्रोध आ गया। उन्होंने अपने चक्र से शिशुपाल का सिर काट लिया। दोष शिशु पाल का था, अत: उन्हें किसी ने कुछ न कहा। बल्कि इस प्रकार एक अत्याचारी के जीवन का अंत देखकर चारों ओर जय जयकार होने लगा। कृष्ण वहां से विदा हो द्वारिका लौट आए।

इसके बाद उन्हें शैल्य से युद्ध करना पड़ा। कृष्ण ने उसे भी पराजित कर मार डाला, दन्तवक्र को गदा और विदुरथ को सुदर्शन से निर्जीव कर दिया। अब वह अपने शत्रुओं की ओर से निश्चिन्त हो शासन करने लगे।

सान्दीपनि ऋषि के यहां सुदामा नामक एक ब्राह्मण भी विद्याध्ययन करता था। वह निर्धन था।

उसके बच्चे दाने दाने को तरसते थे और रहने के लिए घर भी न था। अपनी स्त्री के आग्रह से वह श्रीकृष्ण के पास गया। श्रीकृष्ण ने उसका बड़ा स्वागत किया। उन्हें उससे मिलने में कुछ भी संकोच न हुआ। सुदामा ने उनका आतिथ्य ग्रहण किया और कृष्ण ने उसका दारिद्रय दूर कर दिया।

अब श्रीकृष्ण ने पाण्डवों का दुख भी दूर करना अपना कर्त्तव्य समझा। कौरव, पाण्डवों को बड़ा कष्ट दे रहे थे। दु:शासन ने द्रौपदी चीर हरण कर उन्हें अपमानित करने का षडयंत्र किया था। उस समय भी श्रीकृष्ण ने ही सहायता पहुंचाई थी। कृष्ण ने अनेक बार कौरवों को समझाया था कि पाण्डवों को राज्य का कुछ अंश दे दो। उन पर द्वेष न रखो, परस्पर मिल जुलकर काम करो, परन्तु कौरवों ने उनकी बात पर ध्यान न दिया। जिसका विनाश होने को होता है, वह किसी भले मनुष्य की बात नहीं सुनता। उसका विवेक नष्ट हो जाता है, बुद्धि भ्रष्ट हो जाती है और विचार करने की शक्ति लोप हो जाती है। ऐसा न हो तो उसे कष्ट ही क्यों उठाना पड़े।

कौरवों का अत्याचार चरम सीमा को पहुंच चुका था। वह इस समय पृथ्वी के लिए भार हो रहे थे। उनके अन्याय से प्रजा संत्रस्त थी और चारों ओर

हाहाकार मच गया था। कौरव सौ भाई थे। दुर्योधन उन सबमें बड़ा था और वही राजकाज करता था। जब उसने कृष्ण की बात न सुनी, तब युद्ध होना अनिवार्य हो गया। पांडव और कौरव दोनों ने कृष्ण की सहायता चाहीं, परन्तु धर्मी की जय और पापी की क्षय होती है। ईश्वर धर्मिष्ट को ही सहायता देता है। कृष्ण ने पांडवों को संतुष्ट करना उचित समझा। उन्होंने कहा–"एक ओर मेरी नारायणी सेना रहेगी और दूसरी ओर मैं अकेला रहूंगा। साथ ही मैं यह भी बताये देता हूं कि मैं युद्ध क्षेत्र में शस्त्र धारणकर युद्ध न करूंगा।"

अर्जुन ने अकेले कृष्ण को लेना स्वीकार किया और दुर्योधन सेना पाकर बड़ा प्रसन्न हुआ। कृतवर्मा की अधिनायकता में सेना भेज, कृष्ण ने दुर्योधन की सहायता की और स्वयं पांडवों के दल में जा मिले। दुर्योधन के पास उन्हें भेजकर युधिष्ठिर ने संधि की अंतिम चेष्टा की, परन्तु कोई फल न हुआ। दोनों ओर से भीषण युद्ध की तैयारियां होने लगीं।

शस्त्रास्त्र से सुसज्जित दोनों ओर की प्रबल सेनाएं कुरु क्षेत्र में युद्धार्थ प्रस्तुत हुईं। कृष्ण ने अर्जुन का सारथी होना स्वीकार किया। अर्जुन के इच्छानुसार कृष्ण ने उनका रथ दोनों पक्ष की सेनाओं के मध्य भाग में लाकर खड़ा कर दिया। अर्जुन ने आंखें उठाकर

देखा तो अपने ही आत्मीय स्वजनों को युद्धार्थ प्रस्तुत पाया। उन्होंने तुरन्त अपने धनुष वाण फेंक दिए और कहा—"चाहे जो हो जाय, राज्य मिले या न मिले, मैं अपने हाथों अपने ही बन्धुओं का नाश न करूंगा।"

मोहाच्छन्न अर्जुन की यह दशा देखकर कृष्ण उन्हें उत्साहित करने लगे। उन्होंने उस समय अर्जुन को जो उपदेश दिया, वह आज भी महाभारत में अंकित है। उसी का नाम भगवद् गीता है। श्रीकृष्ण अर्जुन को बता दिया कि, यह आत्मा अविनश्वर है। निष्काम कर्म का फल नहीं भोगना पड़ता। अर्जुन का मोह जाता रहा। उन्हें मालूम हो गया कि उनका क्या कर्तव्य है और परमात्मा की क्या इच्छा है। उन्होंने अपना धनुष उठा लिया और शत्रुदल का संहार करने लगे। कृष्ण ने प्रतिज्ञा की थी कि मैं शस्त्र न धारण करूंगा, परन्तु एक दिन जब भीष्म ने अर्जुन को मूर्च्छित कर दिया था, तब उन्होंने विवश हो रथ के पहिये को उठा लिया था। उस समय चारों ओर खलबली मच गई थी और लोगों के हृदय कांप उठे थे। इस युद्ध में कृष्ण के इच्छानुसार पांडवों की ही विजयी हुई। कृष्ण बड़े ही योग्य रण पंडित थे। पांडव उनके इच्छानुसार उनकी सम्मति से ही युद्ध करते थे। ऐसी दशा में उनका विजयी होना स्वाभाविक था। कृष्ण ने युधिष्ठिर को

बड़े हर्ष से सिंहासनारूड कराया। इसके बाद वह द्वारिका लौट आए।

कृष्ण का गीता शास्त्र अध्यात्म विद्या का भंडार है। उसमें सब शास्त्रों का सार एकत्र है। जीवात्मा एक शरीर को त्याग जब दूसरें में प्रवेश करता है तब वह मन और इन्द्रियों को अपने साथ ले जाता है। कर्म का बंधन केवल प्रकृति से होता है। समस्त कर्म प्रकृति से होते हैं। भले बुरे कर्म ज्ञान पर निर्भर है। सभी कर्म उपाधि के योग से होते हैं। उसी के योग से सुख और दुख प्राप्त होते हैं। उपाधि ही मनुष्य के पुर्नजन्म का कारण है। शुद्ध चैतन्य की उपासना में एकाग्र हो लीन होने से मुक्ति प्राप्त होती है। इत्यादि बातें गीता में बतलाई गई हैं। उसके सिद्धान्त सर्वमान्य हैं। गीता शास्त्र बुद्धिमान पुरुषों के मनन करने योग्य है।

कृष्ण ने दीर्घकाल पर्यंत ऐश्वर्य भोग किया। एक समय सब यादवों ने तीर्थाटन करने का विचार किया। उग्रसेन और वसुदेव को छोड़, कृष्ण के साथ सबलोग निकल पड़े। समुद्र के तटपर सबों ने अत्यंत मदिरापान की। अंत में जब नशा चढ़ा तो आपस में झगड़ा करने लगे। मामला यहां तक बढ़ गया कि सबके सब वहीं लड़ मरे। कृष्ण की इच्छा ऐसी ही थी। उन्हें अब अपनी इहलोक लीला समाप्त करनी थी। बलराम और वह दूर

बैठे हुए यादवों का गृह-युद्ध देख रहे थे। बलराम को बड़ा खेद हुआ ओर उन्होंने कोपीन धारण कर वहीं प्राण त्याग दिए। कृष्ण ने भी बैकुंठ जाने की तैयारी की। वह एक पीपल के नीचे पैर पर पैर चढ़ा चित्त को एकाग्र कर बैठे हुए थे, इतने में जरा नामक एक व्याघ ने उन्हें हरिण समझकर एक तीर मार दिया। वह उनके पैर में लगा और शोणित बहने लगा। व्याघ ने पास जाकर देखा और पश्चाताप किया। कृष्ण ने उसे आश्वासन दिया और कहा कि यह मेरी ही इच्छा से हुआ है, खेद करने की कोई आवश्यकता नहीं है। इसके बाद वहां दारुक आ पहुंचा। दारुक, श्रीकृष्ण का सारथी था। श्रीकृष्ण ने उससे कहा—"यादवों के सर्वनाश का समाचार द्वारिका पहुंचा देना। बलदेव अपना प्राण विसर्जन कर चुके हैं। मैं भी थोड़ी देर में यह नश्वर शरीर त्याग दूंगा। मेरे आश्रितों से कह देना, कि वह अर्जुन के साथ हस्तिनापुर चले जाय। वहां वे सुरक्षित रहेंगे। अर्जुन से कह देना, कि मेरे लिए शोक न करें और मेरे उपदेशानुसार कर्तव्य पालन में दृढ़ रहें।"

इतना कह श्रीकृष्ण ने अपना शरीर त्याग दिया। उन्होंने अपने जीवन काल में अनगणित अधर्मियों का नाश कर न्याय नीति की स्थापना की थी। वह बड़े परोपकारी और निर्लोभी थे। राजबंशी होने पर भी

साधारण बच्चों की तरह उनकी शिक्षा दीक्षा हुई थी। वह यदुवंशी थे। यदु राजा ययाति के पुत्र थे। श्रीकृष्ण एक विस्तृत राज्य के अधीश्वर थे। उनकी राजधानी द्वारिका में थी। कौस्तुभ मणि उनका आभूषण था। नंदक नामक खड़्ग, कौमोदिक नामक गदा और सुदर्शन नामक चक्र उनके आयुध थे। उनके शंख का नाम पांचजन्य था। युद्धकला में वह बड़े ही निपुण थे। उनकी जोड़ का एक भी मनुष्य उस युग में नहीं पाया जाता। श्रीकृष्ण का हृदय प्रेम से परिपूर्ण रहता था। वह जिस प्रकार शासन और ऐश्वर्य भोग करना जानते थे, उसी प्रकार योग का रहस्य भी समझते थे। गीताशास्त्र देखने से उनकी विद्वता का पता चलता है। उन्होंने अर्जुन को प्रवृत्ति में ही निवृत्ति का मार्ग दिखा दिया था। हमें श्रीकृष्ण को आदर्श मान उनकी जीवन चर्या से शिक्षा ग्रहण करनी चाहिए। गीताशास्त्र का मनन करना प्रत्येक मनुष्य के लिए श्रेयस्कर है। विदेशों के विद्वान भी गीता के सिद्धान्तों का सम्मान करते हैं।

□□□

एमेजन पर उपलब्ध दुर्लभ ई. साहित्य द्वारा प्रकाशित मुंशी प्रेमचंद की (पेपरबेक) पुस्तकें

बुढ़ी काकी : ASIN: 1523809604

वेश्या : ASIN: 1523810157

प्रतिज्ञा : ASIN: 1530427576

वरदान : ASIN: 1530428009

निर्मला : ASIN: 1530427290

गोदान : ASIN: 1530426634

सेवासदन : ASIN: 1530427762

कर्मभूमि : ASIN: 1532890370

रंगभूमि भाग-2 : ASIN: 154257384X

रंगभूमि भाग-1 : ASIN: 154257367X

मंगलाचरण : ASIN: 1542574978

प्रेमा : ASIN: 1542575184

रामचर्चा : ASIN: 1542575346

दुर्गादास : ASIN: 1542575478

कायाकल्प : ASIN: 1542573971

एमेजन पर उपलब्ध दुर्लभ ई. साहित्य द्वारा प्रकाशित मुंशी प्रेमचंद की (पेपरबेक) पुस्तकें

प्रेमचंद की अमर कहानियां : ASIN: 1523342811

प्रेमचंद की श्रेष्ठ कहानियां : ASIN: 152342057X

बड़े घर की बेटी : ASIN: 1523437790

बेटी का धन : ASIN: 1523467967

दो बैलों की कथा : ASIN: 1523468165

घर जमाई : ASIN: 1523624027

नमक का दारोगा : ASIN: 1523688211

कजाकी : ASIN: 1523687770

गुल्ली डंडा : ASIN: 1523688513

लॉटरी : ASIN: 1523688343

रानी सारांधा : ASIN: 1523810106

रामलीला : ASIN: 1523810033

पूस की रात : ASIN: 1523809914

दो बहनें : ASIN: 1523809809

दो भाई : ASIN: 1523492988

एमेजन पर उपलब्ध दुर्लभ ई. साहित्य द्वारा प्रकाशित स्वामी विवेकानंद की (पेपरबेक) पुस्तकें

कौन हूं मैं? : ASIN: 1530999510

कर्मयोग : ASIN: 1530999391

गुरु शिष्य संवाद : ASIN: 1530999235

भक्ति योग : ASIN: 1530999073

हिंदू धर्म : ASIN: 1532756437

गुरुदेव की पवित्र वाणी : ASIN: 1532756003

बुद्ध ईशा मोहम्मद और कृष्ण : ASIN: 1532755147

राजयोग : ASIN: 1532796706

प्रेमयोग : ASIN: 1532796838

ज्ञान का मार्ग : ASIN: 1532796943

कोलंबो से अल्मोड़ा तक : ASIN: 1532810105

पतांजल योग सूत्र : ASIN: 1532809905

युवकों उठो जागो! : ASIN: 1532809840

धर्म की साधना : ASIN: 1533153760

महापुरुषों के उपदेश : ASIN: 1533154287

वेदांत भविष्य का धर्म : ASIN: 1533154511

व्यक्तित्व का संपूर्ण विकास : ASIN: 1533154708

Lightning Source UK Ltd.
Milton Keynes UK
UKHW020631171020
371758UK00009B/238

9 781715 344405